COMMERCE – BANQUE – INDUSTRIE

LA

COMPTABILITÉ

APPRISE EN

DEUX HEURES

PAR

JEAN FONTAINE

—

Prix 1 fr. 50 c.

—

PARIS
LIBRAIRIE DU PETIT JOURNAL
21, BOULEVARD MONTMARTRE

—

1865

LA COMPTABILITÉ

APPRISE EN

DEUX HEURES

PARIS. — TYPOGRAPHIE MORRIS ET Cie

Rue Amelot, 64.

COMMERCE – BANQUE – INDUSTRIE

LA

COMPTABILITÉ

APPRISE EN

DEUX HEURES

PAR

JEAN FONTAINE

PARIS
LIBRAIRIE DU PETIT JOURNAL
21, BOULEVARD MONTMARTRE

1865

> On dit souvent que la science financière est une science obscure. Cela n'est pas vrai. Il n'y a pas de sciences obscures. Elles ne le sont que par la médiocrité de ceux qui les exposent ou le charlatanisme de ceux qui veulent se donner un faux air de profondeur.
>
> Thiers, séance du 2 juin 1865.

Tout ce qui constitue l'essence de la comptabilité à parties doubles est renfermé dans ce petit ouvrage.

Il suffira de le parcourir avec quelque attention pour être initié aux principes fondamentaux de cette « Méthode de tenir les Livres, » et pour en comprendre le mécanisme.

Si beaucoup de personnes renoncent à apprendre la comptabilité, c'est que l'on a amoncelé, comme à plaisir, les difficultés autour de la connaissance la plus facile peut-être à acquérir. De gros volumes remplis de définitions, de préceptes obscurs, d'exemples incompréhensibles pour ceux qui ne sont pas encore initiés aux opérations commerciales, rebutent dès le début. On entreprend des discussions abstraites là où il n'y a que des faits à exposer. Il est certain que beaucoup reculent devant une difficulté qui n'existe que dan leur imagination, qui seraient tout étonnés de voir quelle chose facile est la comptabilité, s'ils avaient pu tout d'abord la considérer sous son aspect véritable.

Ce qui contribue aussi à faire considérer cette étude comme hérissée de difficultés, ce sont les mystères dont s'entourent certains comptables. Ils ont des méthodes à eux; ils noient le fond, qui est toujours le même, dans des formes compliquées; et les gens superficiels, qui ne voient que la forme, sont de plus en plus convaincus que cette « science de la comptabilité » n'est accessible qu'aux intelligences supérieures.

Un bon comptable doit s'affranchir de toute forme exclusive. Il n'en sera que plus apte à adapter celle qui conviendra le mieux au genre d'affaires dont il pourra être appelé à tenir les écritures, ainsi qu'à comprendre toute comptabilité qu'il devra continuer, vérifier ou modifier.

C'est cette idée de la théorie indépendante de la forme qui a été le point de départ de ce traité, lequel présente en peu de mots les principes sur lesquels elle repose.

Il faut qu'on soit bien-persuadé que la comptabilité est facile à comprendre, facile à appliquer. Certainement on n'a pas tout d'un coup l'habitude, l'expérience, l'habileté. Tout cela ne s'acquiert que par la pratique réelle, et non sur les bancs de l'école. On ne fait pas d'emblée un sculpteur en lui enseignant les règles de son art. Ce n'est qu'en se servant soi-même du ciseau ou de la lime que l'on devient grand artiste ou habile ouvrier.

Donc la théorie d'abord, et quand on l'aura bien comprise, ce qui est très-facile, nous ne pouvons trop le répéter, on ne rencontrera aucune difficulté sérieuse dans l'application.

Ainsi tout employé de commerce qui ne peut suivre des cours longs, coûteux et ennuyeux, tout négociant qui est absorbé par ses affaires, tout le monde enfin, car tout le monde a besoin de connaître la comptabilité, peut acquérir cette « science » en quelques heures d'étude. L'employé pourra, suivant les circonstances, devenir très-bon comptable ; le négociant aura la satisfaction de voir par lui-même si ses livres sont bien tenus, et de se rendre compte de ses propres affaires, sans aucun intermédiaire.

Ce traité s'occupe surtout de la partie théorique de la comptabilité, qui est le fondement de toutes les méthodes en usage dans le commerce. Celles-ci ne sont, à vrai dire, que des formes différentes données à une même chose. Entre ces méthodes, qui sont toutes présentées par leurs auteurs comme les seules bonnes et infaillibles, il n'y a que des questions de réglure et de papeterie. On dispose les écritures de telle façon, on emploie plus ou moins de registres; mais on a toujours recours aux mêmes principes.

Pour toutes les questions qui se rattachent à l'application de ces différentes méthodes de tenue de livres, ainsi que pour tous les détails pratiques de la comptabilité, l'auteur se fera un plaisir de fournir les explications qui lui seront demandées. Il met aussi à la disposition des Chefs de maison son expérience d'ancien comptable, pour tous les renseignements dont ils pourraient avoir besoin au sujet de leurs écritures, se chargeant d'établir, mettre à jour ou redresser leur comptabilité, de faire les inventaires ainsi que les liquidations entre associés.

Écrire *franco*, rue Ollivier, angle de la rue le Peletier.

PRINCIPES FONDAMENTAUX
DE
LA COMPTABILITÉ
A PARTIES DOUBLES

BALANCE — COMPTES GÉNÉRAUX

Quelle est la base de la Comptabilité à parties doubles ?

C'est la Balance des écritures.

Quelle est la règle à suivre pour obtenir la Balance des écritures ?

Ne jamais porter une somme au débit d'un compte sans la porter en même temps au crédit d'un autre compte.

Comment, pour une simple opération commerciale, peut-on avoir en même temps un compte que l'on débite et un autre compte que l'on crédite ?

Par l'emploi des Comptes généraux.

Qu'entend-on par les Comptes généraux ?

Les Comptes généraux représentent le négociant dont on tient les livres ; ils sont ouverts aux objets de son commerce, par opposition aux Comptes particuliers, ouverts aux personnes avec lesquelles il est en relation.

Les Comptes généraux ont un double but :

1° Établir la balance dans les écritures ;

2° Classer les opérations commerciales dans un ordre

spécial, grouper dans un même cadre celles de même nature, de sorte que, par la seule inspection d'un compte, on voie immédiatement la quotité des affaires qui ont donné lieu à l'ouverture de ce compte. Ils mettent ainsi le négociant à même de se renseigner à chaque instant sur le résultat de ses entreprises et de s'éclairer sur sa situation.

La création des Comptes généraux dépend du genre d'affaires auxquelles on se livre.

Le manufacturier, le banquier, les entrepreneurs de transports ou de transactions maritimes n'auront pas les mêmes comptes que le simple commerçant. Ce dernier pourra satisfaire à toutes les exigences d'ordre et de clarté par l'emploi de ceux que l'on nomme communément les *Cinq Comptes généraux*, savoir :

Les comptes de Caisse,
Marchandises,
Effets à recevoir,
Effets à payer,
Profits et pertes.

Mais le manufacturier aura des comptes de :

Matières premières,
Bâtiments et constructions,
Entretien du matériel, etc.

Le banquier ouvrira différents comptes de Dépôts, de Crédits, d'Escompte, d'Intérêts et Dividendes; l'armateur ouvrira des comptes à ses Navires, il aura des comptes de Cargaison, de Pacotille, d'Assurance, etc.

On voit que le nombre des Comptes généraux n'est pas limité ; on peut les multiplier, les subdiviser ou les réduire, suivant le but qu'on se propose ; mais quels que soient leur nombre et leur appellation, les principes qui président à leur création sont toujours les mêmes.

Avant d'entrer dans de plus longs développements sur l'origine des Comptes généraux, il est nécessaire de nous bien pénétrer du sens vrai des expressions employées dans la Comptabilité.

Qu'entend-on par ces mots :

      Débiter   — Créditer,
      Débit   — Crédit,
      Débiteur — Créditeur ?

Débiter un compte, c'est écrire qu'il doit ;
Créditer un compte, c'est écrire qu'il lui est dû.
Le *Débit* d'un compte, c'est ce qu'il doit ;
Le *Crédit* d'un compte, c'est ce qui lui est dû.
Le *Débiteur* est celui qui doit ;
Le *Créditeur* ou *Créancier*, celui à qui l'on doit.

L'excédant du débit sur le crédit se nomme le *Solde débiteur*.

L'excédant du crédit sur le débit forme le *Solde créditeur*.

Quand doit-on débiter ou créditer un compte

RÈGLE GÉNÉRALE.

On débite le compte qui reçoit ;
On crédite le compte qui fournit.

Balancer, Solder un compte.

Lorsqu'on additionne le débit d'un compte, d'une part, et le crédit, d'autre part, si les totaux sont égaux, on dit que ce compte est balancé.

Si l'un des deux côtés du compte est plus fort, on prend la différence, et on la porte du côté le plus faible ; les totaux étant devenus égaux, on les écrit sous chaque colonne et on ferme le compte. On reporte ensuite à nouveau la différence du côté le plus fort. C'est cette différence qui forme le *Solde du compte*.

Si le débit est plus fort, on dit : *Solde débiteur à nouveau* ; si c'est le crédit : *Solde créditeur à nouveau*.

Dans le premier cas,
Le COMPTE NOUVEAU doit au COMPTE ANCIEN.
Dans le deuxième cas
Le COMPTE ANCIEN doit au COMPTE NOUVEAU.

RÈGLES GÉNÉRALES POUR PASSER LES ÉCRITURES.

De ce qui précède nous déduisons les règles suivantes :
1° Lorsqu'on porte une somme au débit d'un compte, il faut la porter en même temps au crédit d'un autre compte.

Toute écriture devra donc renfermer un débiteur et un créditeur.

C'est ce qui fait la *Balance*.

2° On débite le compte qui reçoit;
On crédite le compte qui fournit.

3° Quant aux questions : Qui est-ce qui reçoit ? Qui est-ce qui fournit ? On doit répondre par le nom du négociant dont on tient les livres, on débite ou crédite les Comptes généraux qui le représentent.

ORIGINE DES COMPTES GÉNÉRAUX

Pour rendre bien intelligible l'emploi des Comptes généraux, pour s'en faire une idée claire et nette, de manière qu'il ne reste aucune obscurité dans l'esprit à leur égard, indiquons par quelle suite d'idées on arrive à leur création.

Supposons que nous tenons les livres de la maison André.

André achète de Léon
1000 k. de sucre à 1 fr., ci.................. 1,000 »

Qui est-ce qui reçoit ?
André.

Faisons suivre le nom d'André de celui de l'objet qu'il reçoit, précédé lui-même de ces mots : son compte de ; nous aurons : André son compte de MARCHANDISES.

Qui est-ce qui fournit ?
Léon.

Nous ferons l'écriture suivante :

André s/Cte de MARCHANDISES   Doit à Léon
    1000 k. de sucre à 1 fr............... 1,000 »

Supposons maintenant que la maison André vende à Nicolas, 1000 k. de sucre à 1. 20, fr. 1.200.

Qui est-ce qui reçoit ?
Nicolas.

Qui est-ce qui fournit ?
André s/Cte de MARCHANDISES.

Nous dirons :

Nicolas   Doit à André s/Cte de MARCHANDISES.
1000 k. de sucre à 1. 20................. fr. 1,200 »

Si nous retranchons les mots : André son compte de, nous aurons simplement :

        Marchandises Doiv^t à Léon,

pour le premier cas, et

        Nicolas   à Marchandises

pour le second.

Voilà donc un Compte général intitulé *Marchandises*. Ce compte représente la maison André pour ses achats et ses ventes. C'est le cadre, ainsi que nous l'avons dit précédemment, dans lequel viendront se classer toutes ses opérations en marchandises. Au débit les achats, au crédit les ventes.

André n'aura donc qu'à consulter son Compte général de Marchandises, qu'à faire les additions du débit et du crédit de ce compte pour savoir à combien se montent ses achats et ses ventes à toute époque de l'année. Renseignement précieux, indispensable pour celui qui veut travailler sagement et proportionner à ses ressources l'importance de ses affaires.

Ce n'est pas tout ; si toutes les marchandises achetées ont été vendues, il n'aura qu'à prendre la différence entre le débit et le crédit pour connaître le bénéfice ou la perte résultant de ses opérations.

Ainsi le débit s'élevant à..............fr. 1,000 »
le crédit à.....................fr. 1,200 »

L'excédant du crédit sur le débit qui est de.. 200 »
forme le bénéfice réalisé.

Si toutes les marchandises n'ont pas été vendues, il suffit de faire l'inventaire de celles existant en magasin, et d'en ajouter le montant au crédit ; on opère ensuite comme dessus.

C'est là toute la théorie des Comptes généraux.

Ce que nous venons de faire pour les marchandises, nous pourrions le répéter pour la Caisse, les Effets a recevoir, les Effets a payer ou tout autre Compte général.

Nous devons en excepter le compte de

PROFITS ET PERTES

Les questions : qui est-ce qui reçoit ? qui est-ce qui

fournit? ne trouvent pas ici leur application. Le titre de ce compte indique qu'il est relatif aux pertes et aux bénéfices. On le débite des pertes, on le crédite des bénéfices.

Ainsi les intérêts que l'on doit, les escomptes, les agios ou frais de négociations ;

Les loyers, impositions, appointements d'employés, frais de voyage, dépenses personnelles ;

Les pertes provenant de faillites ou de toute autre cause sont portés au débit de ce compte.

Les intérêts, escomptes ou agios, qui nous sont dus, et en général tout ce qui est bénéfice, est porté à son crédit.

Il arrive souvent que l'on subdivise le débit de PROFITS ET PERTES en plusieurs autres Comptes généraux, suivant que l'on veut savoir le montant de telle ou telle dépense.

Ainsi on peut avoir les comptes de

FRAIS GÉNÉRAUX,

que l'on débite des frais de loyer, d'employés, d'impositions, de bureau, etc.

FRAIS DE VOYAGE,

pour les frais de cette nature.

COMPTE DE LEVÉES,

pour les dépenses personnelles.

A l'inventaire, le montant de ces comptes est porté à celui de Profits et Pertes.

Ici se termine l'exposé des principes fondamentaux de la Comptabilité et des règles à suivre pour passer les écritures. Nous allons maintenant en faire l'application. Nous simulerons quelques opérations faites par la maison ANDRÉ de Paris, et nous en ferons les écritures. C'est ce qui fait l'objet des pages qui suivent, où l'on voit d'un côté les opérations indiquées, et de l'autre côté, en regard, les écritures passées.

Les mêmes écritures figurent sur le tableau placé à la fin du volume. Ce tableau renferme en un espace restreint tous les éléments essentiels de la Comptabilité.

En premier lieu, le Brouillard ou Main-Courante, en regard le Journal, puis vient le Grand-Livre.

On peut suivre ainsi sans effort une écriture dans toutes ses phases, et leur enchaînement se présente à l'esprit avec netteté.

Nous faisons suivre le Grand-Livre de la Balance, du Bilan définitif et du Relevé de l'inventaire.

On a donc sous les yeux un tout complet. Connaître ce tableau, en saisir à la fois l'ensemble et les détails, c'est connaître la comptabilité. Il nous fait assister à la création des Comptes généraux; il nous en démontre l'emploi et nous en donne les résultats.

Ces résultats sont :

Balance des écritures; par conséquent, contrôle, garantie contre les erreurs;

Classement des opérations ; ordre, clarté, situation du négociant toujours connue.

Bénéfices et pertes appréciables à toute époque de l'année.

OPÉRATIONS

OPÉRATIONS

────────── *Du 1ᵉʳ janvier 1865* ──────────

ANDRÉ verse en caisse pour former son capital.................................... 100,000 fr.

Qui est-ce qui reçoit ?
André s/Cᵗᵉ de Caisse.
Qui est-ce qui fournit ?
André s/Cᵗᵉ de Capital.

────────── *Du 4 février* ──────────

Acheté de PAUL, de Lyon, diverses marchandises dont la facture s'élève à...................... 80,000 fr.

Qui est-ce qui reçoit ?
ANDRÉ s/Cᵗᵉ de Marchandises.
Qui est-ce qui fournit ?
PAUL, de Lyon.

────────── *Du 10 mars* ──────────

Vendu à BERNARD, de Paris, diverses marchandises, montant à .... 60,000 fr.

Qui est-ce qui reçoit ?
BERNARD, de Paris.
Qui est-ce qui fournit ?
ANDRÉ s/Cᵗᵉ de Marchandises.

ÉCRITURES

――――――― *Du 1ᵉʳ janvier 1865* ―――――――

CAISSE.   à CAPITAL.
    Mon versement................ 100,000 fr.

――――――― *Du 4 février* ―――――――

MARCHANDISES   à PAUL, de Lyon.
    Sa facture...................... 80,000 fr.

――――――― *Du 10 mars* ―――――――

BERNARD, de Paris,   à MARCHANDISES.
    Ma facture..................... 60,000 fr.

Du 15 mars

Remis à PAUL, de Lyon,
    Espèces.................................. 40,000 fr.

Qui est-ce qui reçoit ?
PAUL, de Lyon.
Qui est-ce qui fournit ?
ANDRÉ s/Cte de CAISSE.

Du 20 mars

Reçu de BERNARD, de Paris,
    Espèces.................................. 30,000 fr.

Qui est-ce qui reçoit ?
ANDRÉ s/Cte de CAISSE.
Qui est-ce qui fournit ?
BERNARD, de Paris.

Du 31 mars

Remis à PAUL, de Lyon,
    Mon billet au 31 mai........ 20,000 fr.
    Son mandat accepté au 31 juillet.......................... 10,000 »
                                      30,000 fr. 30,000 fr.

Qui est-ce qui reçoit ?
PAUL, de Lyon.
Qui est-ce qui fournit ?
ANDRÉ s/Cte d'EFFETS A PAYER.

Du 15 mars

PAUL, de Lyon,   à CAISSE.
    Mon payement....................... 40,000 fr.

Du 20 mars

CAISSE   à BERNARD.
    Son payement....................... 30,000 fr.

Du 31 mars

PAUL, de Lyon   à EFFETS A PAYER.
    Mon billet au 31 mai.... 20,000 fr.
    S/ traite acceptée, 31 juil-
    let................. 10,000 »
                         30,000 fr.   30,000 fr.

────────── *Du 10 avril* ──────────

Reçu de BERNARD :
Son billet au 31 mai........ 5,000 fr.
—   au 30 juin.......... 5,000 »
Ma traite acceptée, au 31 juil.. 5,000 »
                                     15,000 fr.   15,000 fr.

Qui est-ce qui reçoit ?
ANDRÉ s/Cte d'Effets a recevoir.
Qui est-ce qui fournit ?
BERNARD.

────────── *Du 30 avril* ──────────

Remis au Comptoir d'Escompte le billet de Bernard, au 30 juin............................... 5,000 fr.

Qui est-ce qui reçoit ?
Le Comptoir d'Escompte.
Qui est-ce qui fournit ?
ANDRÉ s/Cte d'Effets a recevoir.

────────── *Du 1er mai* ──────────

Reçu du Comptoir d'Escompte pour solde de ma remise du 30 avril, espèces...................... 4,950 fr.
Frais de négociation.................... 50 »
Qui est-ce qui reçoit ?
ANDRÉ s/Cte de caisse................ 4,950 »

Du 10 avril

EFFETS A RECEVOIR   à BERNARD.
    S/ billet au 31 mai........ 5,000 fr.
    — au 30 juin......... 5,000 »
    M/ traite au 31 juillet..... 5,000 »
                         15,000 fr. 15,000 fr.

Du 30 avril

COMPTOIR D'ESCOMPTE   à EFFETS A RECEVOIR.
  M/ remise sur Paris, au 30 juin........ 5,000 fr.

Du 1ᵉʳ mai

Les Suivants.   à COMPTOIR D'ESCᵉ.
    CAISSE, espèces........ 4,950 fr.
    PROFITS ET PERTES, agio. 50 »
                      5,000 » 5,000 fr.

Qui est-ce qui fournit ?
Le Comptoir d'Escompte.

Les frais de négociation de.............. 50 fr.
étant une perte pour ANDRÉ, nous devons débiter le compte de Profits et Pertes.

Du 31 mai

Encaissé le billet de BERNARD, échu ce jour .... 5,000 fr.

Qui est-ce qui reçoit ?
ANDRÉ s/Cte de Caisse.
Qui est-ce qui fournit ?
ANDRÉ s/Cte d'Effets a recevoir.

Dans le fait, c'est Bernard qui a payé ; mais contre son argent nous lui rendons un billet dont il a été crédité lorsqu'il l'a souscrit. Ce n'est donc qu'un échange de valeurs. La caisse reçoit, le portefeuille fournit.

Du 31 mai

Payé mon billet o/ PAUL, échu ce jour... 20,000 fr.

Qui est-ce qui reçoit ?
ANDRÉ s/Cte d'Effets a payer.
Qui est-ce qui fournit ?
ANDRÉ s/Cte de Caisse.

Comme dans l'article précédent, il y a ici un échange de valeurs. André fournit des espèces contre son billet qui

Du **31** *mai*

CAISSE   à EFFETS A RECEVOIR.
    Encaissé, billet BERNARD, échu..... 5,000 fr.

Du **31** *mai*

EFFETS A PAYER   à CAISSE.
    Payé m/ B. o/ PAUL............... 20,000 fr.

lui est rendu. La personne qui vient encaisser ce billet n'est qu'un intermédiaire avec lequel il n'a rien à voir.

Du 1ᵉʳ juin

Acheté :
20 actions du Ch. de fer de Lyon, à 950 fr...   19,000 fr.
10 obligations du Ch. de fer de l'Ouest, à 980.   9,800
                                                   ─────
                                                  28,800 fr.

Qui est-ce qui reçoit ?
ANDRÉ s/Cᵗᵉ d'ACTIONS ET OBLIGATIONS.
Qui est-ce qui fournit ?
ANDRÉ s/Cᵗᵉ de CAISSE.

Du 30 juin

PAUL, de Lyon, remet le règlement de son compte courant, duquel il résulte un solde d'intérêts en sa faveur de.................................... 200 fr.

ANDRÉ doit des intérêts à Paul.
C'est une perte pour ANDRÉ ?
Nous devons donc débiter le compte de Profits et Pertes.

Du 30 juin

Remis à BERNARD le relevé de son Cᵗᵉ courant, duquel il résulte un solde d'intérêts à son débit de.. 300 fr.

Du 1ᵉʳ juin

ACTIONS ET OBLIGATIONS.   à CAISSE.
   20 actions Lyon, à 950. 19,000 fr.
   10 obligat. Ouest à 980.   9,800
                                  28,800   28,800 fr.

Du 30 juin

PROFITS ET PERTES   à PAUL.
   Intérêts de son compte courant,
   réglé au 30 juin ....   200 fr.

Du 30 juin

BERNARD   à PROFITS ET PERTES.
   Intérêts de son compte courant, réglé
   au 30 juin............................   200 fr.

Ces intérêts étant un bénéfice pour André, nous créditons son compte de Profits et Pertes.

Du 30 juin

D'après son relevé, le solde du compte de PAUL au 30 juin est de fr. 10,200 à son crédit.

Nous devons d'abord nous assurer de l'exactitude de son relevé, en le comparant avec le compte que nous lui avons ouvert au Grand-Livre; cela fait, nous portons le solde de fr. 10,200 au débit qui est le côté le plus faible, et après avoir posé les additions et fermé le compte, nous reportons à nouveau au crédit la même somme de f. 10,200.

Du 30 juin

Le solde du compte de BERNARD au 30 juin est de.................................... 15,300 fr. à son débit.

Nous portons au crédit, côté le plus faible, le solde de fr. 15,300, et après avoir fermé le compte, comme dessus, nous reportons à nouveau au débit ledit solde de fr. 15,300.

Du 30 juin

PAUL, Cte ancien, à LUI-MÊME, Cte nouveau,
 Solde créditeur....................... 10,200 fr.

Cette opération si simple se comprend par la seule inspection de ce compte au Grand-Livre.

Du 30 juin

BERNARD, Cte nouveau, à LUI-MÊME, Cte ancien.
 Solde débiteur...................... 15,300 fr.

Du 30 juin

Payé pour appointements, loyers, dépenses personnelles, menus frais, etc.................. 10,000 fr.

Nous reportant à ce que nous avons dit du compte de Profits et Pertes, et voulant ouvrir un compte spécial à ces dépenses, nous les porterons au débit du compte de Frais généraux.

Il est inutile de faire observer que ces dépenses sont portées sur les livres à mesure qu'elles se font; si nous les réunissons ici en un seul article, c'est pour éviter des répétitions inutiles.

Du 30 juin

Payé au menuisier pour agencements..... 3,000 fr.
    » à divers pour achats de meubles..... 2,000

Les agencements et meubles composant le matériel d'exploitation exigent l'ouverture d'un compte spécial qui sera débité et crédité suivant les règles ordinaires.

Du 30 juin

FRAIS GÉNÉRAUX à CAISSE.

Payé pour appointements, loyers, impôts, dépenses personnelles, menus frais, etc......... **10,000 fr.**

Du 30 juin

AGENCEMENTS et MEUBLES à CAISSE.

Payé pour agencements..... 3,000
   » pour achat de meubles 2,000
                                       5,000   5,000 fr.

Les articles qui précèdent comprennent les opérations ordinaires d'une maison de commerce. Nous ne pourrions les multiplier qu'en nous répétant ou en proposant des exemples compliqués qui ne se trouvent que dans les traités de comptabilité.

Tout acte de commerce se réduit en définitive à ceci : recevoir ou fournir, et l'écriture qui doit constater cet acte se borne à débiter celui qui reçoit et créditer celui qui fournit. Si dans la pratique on rencontre souvent des formules telles que celles ci :

    Divers à un Tel ;
    Un Tel à Divers ;

ou même

    Divers à Divers,

c'est qu'on a réuni dans un seul article plusieurs opérations de même nature.

Ainsi, si l'on a fait plusieurs ventes dans un même jour, au lieu de faire autant d'articles au crédit de marchandises que l'on a fait de ventes, on dira :

    Les Suivants ou Divers   à Marchandises.

Ce qui par l'addition de toutes les ventes, ne nous donne qu'une somme au crédit de marchandises.

De même si l'on a plusieurs achats à enregistrer, on dira :

    Marchandises   à Divers.

On peut aussi, pour abréger, ne faire qu'une écriture,

lorsqu'il y a échange de deux objets donnés pour la même valeur. Exemple :

Si nous remettons au Comptoir un effet de 5,000 fr. contre espèces, au lieu de débiter et créditer le Comptoir de fr. 5,000, deux écritures qui se balancent, nous dirons :

Caisse à Effets à recevoir.......... 5,000 »

Si le Comptoir nous retient l'agio, nous dirons :

Divers à Effets à recevoir.

Caisse, espèces reçues..........	4,950
Profits et Pertes, agio..........	50
	5,000 5,000 »

De cette manière on évite d'ouvrir un compte au Comptoir pour une affaire qui est soldée.

Quant aux articles de

Divers à Divers,

nous conseillons de les éviter, parce qu'ils ne servent qu'à jeter de l'obscurité dans les écritures, ce dont il faut se garder avant tout.

Les livres doivent être tenus de manière que tout le monde puisse les comprendre. Il faut qu'un Chef de maison, qui ne s'est jamais occupé d'écritures puisse, en ouvrant son journal, savoir ce qu'il a sous les yeux. Dans beaucoup de cas, on dirait que c'est le contraire qui est la préoccupation des teneurs de livres. Au lieu de prendre pour devise ces mots : clarté, simplicité, on adopte ceux-ci : complication, obscurité. On croit de cette manière se rendre indispensable ou se donner un vernis d'habileté.

Nous pensons que cette tactique a fait son temps. La comptabilité n'est plus le domaine de quelques-uns. Les cours publics et particuliers se multiplient, et nous la verrons bientôt figurer au programme de toutes les écoles primaires.

Nous ne voulons pas dire que tout le monde sera teneur de livres; car, ainsi que nous l'avons dit, c'est la pratique qui forme un bon comptable; mais tout le monde sera en état de comprendre, de juger, d'apprécier. On aura toujours besoin de teneurs de livres, mais on saura les choisir et au besoin les diriger.

Nous donnons plus loin, comme exemple, un article de Divers à Divers.

ÉCRITURES DE L'INVENTAIRE

Nous avons maintenant à nous occuper des écritures de l'Inventaire.

La première chose à faire, c'est de s'assurer s'il n'y a pas d'erreurs, si toutes les écritures du Journal ont été rapportées au Grand-Livre, en un mot il faut faire la Balance.

La Balance est l'égalité entre le total de tous les débits d'une part, et celui de tous les crédits, d'autre part.

On fait donc les additions de tous les débits du Grand-Livre, que l'on porte sur la feuille de Balance dans la première colonne (voir au tableau), puis les additions de tous les crédits que l'on porte dans la deuxième colonne. En additionnant ensuite chaque colonne, on doit trouver les mêmes totaux.

La Balance établit un contrôle permanent dans les écritures ; elle est une garantie contre les erreurs ; toutefois elle ne suffit pas. En effet, si une somme qui doit être portée au crédit de Paul est portée au crédit de Bernard, on aura bien la Balance, et pourtant il y aura erreur. Les comptes de Paul et de Bernard ne seront pas justes. Il faut donc d'autres moyens de contrôle. On les trouve dans l'emploi des livres auxiliaires et dans le pointage des écritures.

Nous verrons plus loin ce que l'on entend par livres auxiliaires.

Le pointage des écritures consiste à appeler tous les articles du Journal et du Grand-Livre et à faire un point à côté de chaque somme appelée. Le travail fini, si tout est pointé, on peut être assuré qu'il n'y a pas d'erreurs.

On fait ensuite la Balance qui confirme ce résultat.

Ce travail préparatoire terminé, on procède aux écritures de l'inventaire de la manière suivante :

On solde tous les comptes à mesure qu'on les rencontre sur la feuille de Balance, sauf les comptes de PROFITS ET PERTES et CAPITAL, qui sont les derniers dont on doive s'occuper.

Nous avons déjà vu comment on solde les comptes particuliers, à propos du règlement des comptes de Paul et de Bernard.

Dans les articles qui suivent nous n'aurons plus à nous occuper que des Comptes généraux.

COMPTES A SOLDER

CAISSE. Débit:.................. **139,950** fr.
Crédit................... **103,800**

Solde débiteur................ **36,150** fr.

Cette somme représente le montant des espèces en caisse que l'on a dû reconnaître.

MARCHANDISES.

Le solde du compte de Marchandises est formé par l'inventaire de celles existant en magasin.
Supposons qu'il est de 50,000 fr.

Nous ajoutons au crédit cette somme de fr. 50,000, comme si c'était des marchandises vendues, c'est pourquoi nous créditons le compte ancien; nous devons les reporter à nouveau, comme si nous rachetions ces mêmes marchandises; c'est pourquoi nous débitons le Cte nouveau.

Le crédit du compte de MARCHANDISES
était de............................... 60,000 fr.
Nous venons de les créditer de.......... 50,000

ÉCRITURES DE L'INVENTAIRE

CAISSE, Cte nouveau   à **ELLE-MÊME**, Cte ancien.

Espèces en caisse.................... 36,150 fr.

MARCHANDISES, Cte nouveau   à **ELLES-MÊMES**, Cte ancien.

Celles en magasin suivant inventaire. 50,000 fr.

pour celles en magasin, ce qui porte le total
du crédit à.................................. 110,000
    Le débit étant de...................... 80,000
    La différence de....................... 30,000 fr.
en faveur du crédit est le montant du bénéfice réalisé sur
nos ventes. Nous transportons cette somme du compte
de Marchandises à celui de Profits et Pertes.

EFFETS A PAYER.   Crédit.......... 30,000 fr.
                  Débit........... 20,000
    Solde créditeur................... 10,000

C'est le montant des Effets à payer non échus ; on en
fait l'état d'après le carnet d'échéances ; c'est le contrôle
de ce compte.

EFFETS A RECEVOIR.   Débit........ 15,000 fr.
                     Crédit....... 10,000
    Solde débiteur................... 5,000 fr.
ou montant des Effets en portefeuille.

On fait l'état du portefeuille, dont le total doit être
de la même somme.

C'est le contrôle de ce compte.

MARCHANDISES   à PROFITS ET PERTES.

  Bénéfice brut.................. 30,000 fr.

———————   ———————

EFFETS A PAYER, Cte ancien   à EUX-MÊMES,
                                    Cte nouveau.

  Ceux en circulation.............. 10,000 fr.

———————   ———————

EFFETS A RECEVOIR, Cte nouveau   à EUX-MÊMES,
                                       Cte ancien.

  Ceux en portefeuille.............. 5,000 fr.

ACTIONS et OBLIGATIONS Débit..... 28,000 fr.
                        Crédit....   »

           Solde débiteur................ 28,800 fr.

Même observation que pour le compte d'Effets à recevoir, dont celui-ci peut être regardé comme une subdivision.

FRAIS GÉNÉRAUX.   Débit.......... 10,000 fr.

Nous savons que ce compte n'est qu'une subdivision de celui de Profits et Pertes.

Nous devons donc le solder par le débit de ce dernier.

AGENCEMENTS et MEUBLES
                Débit............ 5,000 fr.
Cette partie de l'actif a perdu de sa valeur,
aussi nous lui faisons subir une dépréciation
que nous estimons à 20 %, soit........... 1,000

Ce qui constitue une perte d'autant.
Nous en débitons le Cte de Profits et Pertes.

ACTIONS ET OBLIGATIONS Cte nouveau,
à ELLES-MÊMES Cte ancien.

Solde débiteur.................... 28,800 fr.

PROFITS ET PERTES   à FRAIS GÉNÉRAUX.

Pour Balance........................ 10,000 fr.

PROFITS ET PERTES   à AGENCEMENTS ET MEUBLES.

Dépréciation sur lesdits de 20 %......... 1,000 fr.

Le débit du Cte d'Agencements et Meubles
est de.................................... 5,000 fr.
Nous venons de le créditer de........... 1,000
Solde débiteur........................ 4,000 fr.

Les comptes de PAUL et de BERNARD ayant été soldés à l'occasion de la remise de leurs C^{tes} c^{ts}, nous avons actuellement soldé tous les comptes qui figurent à la Balance, sauf ceux de Profits et Pertes et Capital, qui doi-doivent venir les derniers.

Prenons d'abord le compte de

PROFITS ET PERTES.

Il est débiteur à la balance de............ 250 fr.
Nous ajoutons les sommes provenant des écritures d'inventaire, savoir :
à Agencements et Meubles.............. 1,000
à Frais généraux...................... 10,000
Total du débit................... 11,250 fr.
Le crédit est de...................... 300 fr.
Nous l'avons crédité par Marchandises de. 30,000
Total du crédit................. 30,300
Report du débit................ 11,250
Différence..................... 19,050 fr.

Excédant du crédit sur le débit représentant le bénéfice net de l'exercice.

AGENCEMENTS et MEUBLES, Cte nouveau
à EUX-MÊMES, Cte ancien.

Solde débiteur ou valeur desdits......... 4,000 fr.

André a donc augmenté son Capital de cette somme de 19,050 fr. C'est pourquoi nous devons la porter au crédit de ce compte par le débit de Profits et Pertes, qui se trouve ainsi balancé.

CAPITAL Crédit..............	100,000 fr.
Nous venons de le créditer par Profits et Pertes de...........................	19,050
Total du crédit................	119,050
Débit........................	»
Solde créditeur...................	119,050 fr.

Toutes les écritures d'inventaire étant terminées, rapportées au Grand-Livre, les soldes portés à nouveau, nous devons établir une nouvelle Balance, qui se compose desdits soldes. Cette nouvelle Balance n'est autre que le Bilan définitif qui nous donne la situation exacte de la maison André à l'époque de l'inventaire. Les comptes débiteurs forment l'actif, les comptes créditeurs le passif.

Voir au Tableau.

PROFITS ET PERTES   à CAPITAL

    Bénéfice net........................ 19,050 fr.

CAPITAL, Cte ancien   à LUI-MÊME, Cte nouveau.

    Solde créditeur....................... 119,050 fr.

LIVRES AUXILIAIRES

Outre la Main-Courante, le Journal et le Grand-Livre, qui figurent au tableau synoptique de la Comptabilité, et qui en sont les livres fondamentaux, on se sert d'autres livres, nommés Livres auxiliaires.

On comprendra qu'il est très-difficile de donner des préceptes pour la tenue de ces livres, lorsqu'on saura que, pour chaque compte général ouvert au Grand-Livre, on peut avoir un ou plusieurs livres auxiliaires.

Ainsi pour le compte de *Marchandises*, on peut avoir un livre d'achats qui représente le débit de ce compte, et un livre de ventes qui représente le crédit.

Pour le compte d'*Effets à recevoir*, un livre d'entrée des effets, un livre de sortie et un Copie-effets.

Pour le compte d'*Effets à payer*, un livre d'échéances.

Il y a le livre des Comptes courants et d'intérêts pour les comptes particuliers.

Ces livres varient à l'infini, chacun les établit comme il l'entend et suivant l'exigence de ses affaires. L'expérience seule en indique la nécessité et la forme.

Nous nous bornerons donc ici à parler de ceux qui sont indispensables, quelles que soient d'ailleurs la nature et l'importance de son commerce.

En premier lieu nous citerons le livre de *Caisse*.

Tout commerçant qui a de l'ordre fait sa caisse tous les jours.

Faire sa caisse, c'est vérifier si le montant des espèces

en caisse est égal au solde de ce compte résultant des écritures.

Si l'on se contentait d'inscrire ses dépenses et ses recettes sur la Main-Courante, cette vérification serait impossible.

On a donc un Livre auxiliaire, tenu par débit et crédit, absolument comme le compte de Caisse au Grand-Livre, avec cette différence que le livre de Caisse comporte tous les détails nécessaires à la clarté des écritures.

Ainsi, au Grand-Livre, on se contente de mettre au débit, par exemple,

A Bernard.......................... 30,000 fr.

sur le livre de Caisse on mettra

A Bernard, espèce à c^{te} de ma facture du
10 mars.............................. 30,000 fr.

On porte donc sur ce livre toutes les recettes et toutes les dépenses au moment même où elles se font.

Tous les jours on fait les additions du débit et du crédit, et le solde résultant doit être d'accord avec le montant des espèces en caisse.

Il n'est, du reste, pas nécessaire de poser les additions chaque fois; ce n'est ordinairement qu'à la fin du mois qu'on arrête sa caisse et que l'on reporte le solde à nouveau.

Ce livre et le compte de caisse du Grand-Livre se contrôlent mutuellement; le second n'étant que la reproduction du premier, avec moins de détails.

Nous devons mentionner ensuite le *Carnet d'échéances.*

C'est le livre sur lequel on enregistre les payements à

faire, et l'on comprend toute l'importance qu'il y a à savoir ce que l'on a à payer chaque jour. Le crédit et par conséquent l'existence même d'une maison de commerce en dépendent.

Toutefois le carnet d'échéances est plus spécialement destiné à enregistrer les billets souscrits ou les traites acceptées, le payement de ces obligations ne souffrant aucun retard, tandis que celui d'une facture peut quelquefois être ajourné sans inconvénient. D'autre part, ce livre, comme nous l'avons dit, se rapporte au compte d'*Effets à payer* ouvert au Grand-Livre; il doit donc, pour éviter toute confusion dans les écritures, ne renfermer que les sommes qui figurent à ce compte.

La tenue de ce livre ne présente, du reste, aucune difficulté.

On peut, par ce qui précède, se former une idée générale des livres auxiliaires. Quant à entrer dans de plus longs détails à leur égard, ce serait sortir des limites de ce traité, sans aucun profit pour le lecteur. Ces livres sont trop nombreux, trop susceptibles de modifications, pour qu'on puisse en donner des modèles. Quelques jours passés dans une maison de commerce en apprendront plus à ce sujet que les ouvrages les plus étendus.

DIVERS A DIVERS.

Nous avons dit plus haut ce que nous pensons des articles de ce genre. Néanmoins, comme cette manière de passer les écritures est encore d'un assez fréquent usage, malgré les inconvénients que nous lui reconnaissons, nous en donnons ci-après un exemple.

Supposons les opérations suivantes :

Reçu de PHILIPPE
    S/ billet au 30 juin .... 1,000 fr.
    Espèces...................... 940
    Escompte..................... 60
                                  2,000   2,000 fr.

Reçu de NUMA
    Marchandises................ 200 fr.
    Espèces..................... 760
    Escompte.................... 40
                                  1,000   1,000 fr.

Reçu de LOUIS
    S/ billet................... 500 fr.
    Marchandises................ 500
                                  1,000   1,000 fr.

En faisant écriture de ces opérations, chacune séparément, nous dirons :

DIVERS   à PHILIPPE.
    Effets a recevoir
        S/ billet au 30 juin....... 1,000 fr.
    Caisse
        Espèces................... 940
    Profits et Pertes
        Escompte.................. 60
                                  2,000   2,000 fr.

DIVERS   à NUMA.

    MARCHANDISES
        S/ facture............... 200 fr.
    CAISSE
        S/ payement............. 760
    PROFITS ET PERTES
        Escompte   40
                                1,000   1,000 fr.

DIVERS   à LOUIS.

    EFFETS A RECEVOIR
        S/ billet................ 500 fr.
    MARCHANDISES
        S/ facture............... 500
                                1,000   1,000 fr.

Dans ces écritures nous voyons que le compte d'EFFETS A RECEVOIR est débité

de fr. 1,000 au crédit de Philippe,
       500   »   de Louis,

fr. 1,500 ensemble.

Le compte de CAISSE est débité

de fr.   940 au crédit de Philippe,
       760   »   de Numa,

fr. 1,700 ensemble.

Le compte de MARCHANDISES est débité
de fr.   200 au crédit de Numa,
            500   »   de Louis,
   fr.   700 ensemble.
Enfin le compte des PROFITS ET PERTES est débité
de fr.   60 au crédit de Philippe,
             40   »   de Numa,
   fr.   100 ensemble.

On peut donc remplacer les trois écritures ci-dessus par l'article suivant :

DIVERS   à DIVERS.

   EFFETS A RECEVOIR............ 1,500 fr.
   CAISSE...................... 1,700
   MARCHANDISES................ 700
   PROFITS ET PERTES........... 100
                                 4,000   4,000 fr.

A PHILIPPE
  S/ billet au 30 juin.. 1,000 fr.
  Espèces...........   940
  Escompte..........   60
                           2,000   2,000

A NUMA
  S/ facture.........   200
  Espèces............   760
  Escompte...........   40
                           1,000   1,000

   A reporter............. 3,000   3,000 fr.

Report..................	3,000	3,000 fr.
A LOUIS		
S/ billet..........	500	
S/ facture.........	500	
	1,000	1,000
	4,000	4,000 fr.

On voit par cet exemple qu'il faut d'abord rechercher quels sont les comptes débiteurs et les comptes créanciers, faire ensuite un état des sommes à porter à chaque compte, et enfin s'assurer qu'il y a balance entre les débits et les crédits.

BALANCE

#					
1	Capital................			100,000	»
2	Caisse................	139,950	»	103,800	»
3	Marchandises générales	80,000	»	60,000	»
4	Effets a payer........	20,000	»	30,000	»
5	Effets a recevoir.....	15,000	»	10,000	»
6	Actions et Obligations..	28,800	»		
7	Agencements et Meubles	5,000	»		
8	Profits et Pertes.....	250	»	300	»
9	Paul, a Lyon..........			10,200	»
10	Bernard, a Paris......	15,300	»		
11	Frais généraux........	10,000	»		
		314,300	»	314,300	»

BILAN DÉFINITIF

Actif

Caisse...................................	36,150	»
Marchandises.............................	50,000	»
Effets a recevoir........................	5,000	»
Actions et Obligations...................	28,800	»
Agencements et Meubles...................	4,000	»
Débiteurs................................	15,300	»
	139,250	»

Passif

Effets a payer...........................	10,000	»
Créanciers...............................	10,200	»
Capital..................................	119,050	»
	139,250	»

L'Inventaire n'est que la reproduction du Bilan, avec le détail des articles. Voici, du reste, comment on l'établit :

INVENTAIRE DE LA MAISON ANDRÉ, DE PARIS
ARRÊTÉ AU 30 JUIN 1865

Actif

CAISSE....................	36,150	»
MARCHANDISES EN MAGASIN		
On fait ici le détail des marchandises ; on met les sommes partielles dans la colonne intérieure, et on sort le total.......		
Total des marchandises.......	50,000	»
EFFETS A RECEVOIR.		
Détail.................	5,000	»
ACTIONS ET OBLIGATIONS.		
Détail.................	28,800	»
AGENCEMENTS ET MEUBLES.		
Valeur desdits.........	4,000	»
DÉBITEURS.		
Suivent les débiteurs....	15,300	»
Total de l'actif...............	139,250	»

Passif

EFFETS A PAYER.		
Détail.................	10,000	»
CRÉANCIERS		
Détail............	10,200	»
CAPITAL, pour balance...	119,050	»
	139,250	»

Paris. — Typ. Morris et Compᵉ, rue Amelot, 64.

TABLEAU SYNOPTIQUE DE LA COMPTABILITÉ COMMERCIALE

MAIN COURANTE

Du 1er janvier 1865			
Versé ou Caisse pour former mon capital		100,000	»
Du 4 février			
Acheté de Paul de Lyon Diverses marchandises, dont la facture est de		80,000	»
Du 10 mars			
Vendu à Bernard de Paris Diverses marchandises, dont la facture est de		60,000	»
Du 15 mars			
Compté à Paul de Lyon Espèces		40,000	»
Du 20 mars			
Bernard de Paris m'a remis Espèces		30,000	»
Du 1er avril			
Remis à Paul de Lyon M/ billet au 31 mai S/ traite acceptée au 31 juillet	20,000 » 10,000 »	30,000	»
Du 10 avril			
Reçu de Bernard S/ billet au 31 mai » au 30 juin M/ traite acceptée au 31 juillet	5,000 » 5,000 » 5,000 »	15,000	»
Du 30 avril			
Remis au Comptoir d'Escompte 5,000 », billet Bernard au 30 juin		5,000	»
Du 1er mai			
Reçu du Comptoir d'Escompte Espèces Agio	4,950 » 50 »	5,000	»
Du 31 mai			
Encaissé 5,000 », billet Bernard échu ce jour		5,000	»
Du 31 mai			
Payé m/ billet o/ Paul, échu ce jour		20,000	»
Du 1er juin			
Acheté 20 actions Lyon-Méditerranée, à 950 10 obligations Ouest, à 980	19,000 » 9,800 »	28,800	»
Du 10 juin			
Payé à Divers pour agencements et mobilier		5,000	»
Du 30 juin			
Paul de Lyon me remet son compte courant, duquel il résulte un solde d'intérêts en sa faveur de		200	»
Du 30 juin			
Je remets à Bernard son compte courant, qui est débiteur d'intérêts de		300	»
Du 30 juin			
Payé pour appointements, loyer, impôts, dépenses personnelles, menus frais		10,000	»

OBSERVATION

Au lieu des Formules

COMPTE NOUVEAU — à COMPTE ANCIEN
pour les Comptes débiteurs;

COMPTE ANCIEN — à COMPTE NOUVEAU
pour les Comptes créditeurs,

on se sert aussi pour solder les Comptes et les ouvrir à nouveau des Comptes intermédiaires de

BALANCE DE SORTIE.
BALANCE D'ENTRÉE.

Dans ce cas l'on dit :

BALANCE DE SORTIE — à DIVERS
pour les Comptes débiteurs;

DIVERS — à BALANCE DE SORTIE
pour les Comptes créditeurs,
ce qui solde les Comptes.

Ensuite on fait deux autres articles :

BALANCE D'ENTRÉE — à DIVERS
pour les Créditeurs;

DIVERS — à BALANCE D'ENTRÉE
pour les Débiteurs,
ce qui ouvre les Comptes nouveaux.

Nous préférons la première formule pour sa grande simplicité, et parce qu'elle nous débarrasse de rouages inutiles.

JOURNAL

(a)				
	Du 1er janvier 1865			
2 / 1	CAISSE — à CAPITAL M/ versement		100,000	»
	Du 4 février			
3 / 10	MARCHANDISES — à PAUL de Lyon S/ facture payable à 30 jours		80,000	»
	Du 10 mars			
11 / 3	BERNARD à Paris — à MARCHANDISES M/ facture, valeur à 30 jours		60,000	»
	Du 15 mars			
10 / 2	PAUL de Lyon — à CAISSE M/ payement		40,000	»
	Du 20 mars			
2 / 11	CAISSE — à BERNARD. S/ payement		30,000	»
	Du 1er avril			
10 / 4	PAUL — à EFFETS A PAYER M/ billet au 31 mai M/ acceptation au 31 juillet	20,000 » 10,000 »	30,000	»
	Du 10 avril			
5 / 11	EFFETS A RECEVOIR — à BERNARD. S/ billet au 31 mai « au 30 juin M/ traite acceptée au 31 juillet	5,000 » 5,000 » 5,000 »	15,000	»
	Du 30 avril			
12 / 5	COMPTOIR D'ESCOMPTE — à EFFETS A RECEVOIR 5,000 », billet Bernard au 30 juin		5,000	»
	Du 1er mai			
12 / 2 / 8	LES SUIVANTS — à COMPTOIR D'ESCOMPTE CAISSE, espèces PROFITS ET PERTES, agio	4,950 » 50 »	5,000	»
	Du 31 mai			
2 / 5	CAISSE — à EFFETS A RECEVOIR Encaissé billet Bernard échu		5,000	»
	Du 31 mai			
4 / 2	EFFETS A PAYER — à CAISSE Payé m/ billet o/ Paul		20,000	»
	Du 1er juin			
6 / 2	ACTIONS ET OBLIGATIONS — à CAISSE 20 actions Lyon-Méditerranée à 950 10 obligations Ouest à 980	19,000 » 9,800 »	28,800	»
	Du 10 juin			
7 / 2	AGENCEMENT ET MEUBLES — à CAISSE Payé à Divers pour achat desdits		5,000	»
	Du 30 juin			
8 / 10	PROFITS ET PERTES — à PAUL Intérêts de s/ compte courant		200	»
	Du 30 juin			
11 / 8	BERNARD — à PROFITS ET PERTES Intérêts de s/ compte courant		300	»
	Du 30 juin			
9 / 2	FRAIS GÉNÉRAUX — à CAISSE Appointements, loyer, imp., etc.		10,000	»
	Du 30 juin			
3 / 8	MARCHANDISES — à PROFITS ET PERTES Bénéfice sur ce compte		30,000	»
	Du 30 juin			
8	PROFITS ET PERTES — aux SUIVANTS			
7	à AGENCEMENTS ET MEUBLES, Dépréciation sur iceux		1,000	»
9	à FRAIS GÉNÉRAUX Balance		10,000	»
8 / 1	PROFITS ET PERTES — à CAPITAL Bénéfice net		19,050	»
	Du 30 juin			
	LES SUIVANTS, compte nouveau, — à EUX-MÊMES, compte ancien,			
2	CAISSE solde débiteur	36,150 »		
3	MARCHANDISES »	50,000 »		
5	EFFETS A RECEVOIR »	5,000 »		
6	ACTIONS ET OBLIGATIONS »	28,800 »		
7	AGENCEMENTS ET MEUBLES »	4,000 »		
11	BERNARD »	15,300 »	139,250	»
	Du 30 juin			
	LES SUIVANTS, compte ancien — à EUX-MÊMES, compte nouveau,			
4	EFFETS A PAYER solde créditeur	10,000 »		
10	PAUL »	10,200 »		
1	CAPITAL »	119,050 »	139,250	»

(a) Folios du Grand-Livre.

GRAND-LIVRE

1 DOIT — CAPITAL — AVOIR 1

Date	Jour	Doit	(a)	Somme		Date	Jour	Avoir	(a)	Somme	
1865 Juin.	30	à Compte nouveau	1	119,050	»	1865 Janvier.	1	par Caisse 100,000 »	1	100,000	»
						Juin.	30	par Profits et Pertes	1	19,050	»
				119,050	»					119,050	»
						Juin.	30	par Compte ancien	1	119,050	»

2 DOIT — CAISSE — AVOIR 2

Date	Jour	Doit	(a)	Somme		Date	Jour	Avoir	(a)	Somme	
1865 Janvier.	1	à Capital	1	100,000	»	1865 Mars.	15	par Paul	1	40,000	»
Mars.	20	à Bernard	»	30,000	»	Mai.	31	par Effets à payer	1	20,000	»
Mai.	1	à Comptoir d'escompte	»	4,950	»	Juin.	1	par Actions et Obligations	»	28,800	»
	31	à Effets à recevoir	»	5,000	»		10	par Agencements et Meubles	1	5,000	»
		139,950 »					30	par Frais généraux	»	10,000	»
							»	103,800 »			
								par Compte nouveau	»	36,150	»
				139,950	»					139,950	»
Juin.	30	à Compte ancien (solde)	1	36,150	»						

3 DOIT — MARCHANDISES GÉNÉRALES — AVOIR 3

Date	Jour	Doit	(a)	Somme		Date	Jour	Avoir	(a)	Somme	
1865 Février.	4	à Paul (achats) 80,000 »	1	80,000	»	1865 Mars.	10	par Bernard (ventes) 60,000 »	1	60,000	»
Juin.	30	à Profits et Pertes (bénéfices)	1	30,000	»	Juin.	30	par Compte nouveau (inventaire)	1	50,000	»
				110,000	»					110,000	»
Juin.	30	à Compte ancien (inventaire)	1	50,000	»						

4 DOIT — EFFETS A PAYER — AVOIR 4

Date	Jour	Doit	(a)	Somme		Date	Jour	Avoir	(a)	Somme	
1865 Mai.	31	à Caisse 20,000 »	1	20,000	»	1865 Avril.	1	par Paul 30,000 »	1	30,000	»
Juin.	30	à Compte nouveau	1	10,000	»						
				30,000	»					30,000	»
						Juin.	30	par Compte ancien	1	10,000	»

5 DOIT — EFFETS A RECEVOIR — AVOIR 5

Date	Jour	Doit	(a)	Somme		Date	Jour	Avoir	(a)	Somme	
1865 Avril.	10	à Bernard 15,000 »	1	15,000	»	1865 Avril.	30	par Comptoir d'escompte	1	5,000	»
						Mai.	31	par Caisse	»	5,000	»
								10,000 »			
						Juin.	30	par Compte nouveau	1	5,000	»
				15,000	»					15,000	»
Juin.	30	à Compte ancien	1	5,000	»						

6 DOIT — ACTIONS ET OBLIGATIONS — AVOIR 6

Date	Jour	Doit	(a)	Somme		Date	Jour	Avoir	(a)	Somme	
1865 Juin.	1	à Caisse 28,800 »	1	28,800	»	1865 Juin.	30	par Compte nouveau	1	28,800	»
				28,800	»					28,800	»
Juin.		à Compte ancien		28,800	»						

7 DOIT — AGENCEMENTS ET MEUBLES — AVOIR 7

Date	Jour	Doit	(a)	Somme		Date	Jour	Avoir	(a)	Somme	
1865 Juin.	10	à Caisse 5,000 »	1	5,000	»	1865 Juin.	30	par Profits et Pertes	1	1,000	»
							»	par Compte nouveau	1	4,000	»
				5,000	»					5,000	»
Juin.	30	à Compte ancien	1	4,000	»						

8 DOIT — PROFITS ET PERTES — AVOIR 8

Date	Jour	Doit	(a)	Somme		Date	Jour	Avoir	(a)	Somme	
1865 Mai.	1	à Comptoir d'escompte	1	50	»	1865 Juin.	30	par Bernard 300 »	1	300	»
Juin.	30	à Paul	1	200	»		»	par Marchandises générales	1	30,000	»
		250 »									
	»	à Agencements et Meubles	»	1,000	»						
	»	à Frais généraux	1	10,000	»						
	»	à Capital	»	19,050	»						
				30,300	»					30,300	»

9 DOIT — FRAIS GÉNÉRAUX — AVOIR 9

Date	Jour	Doit	(a)	Somme		Date	Jour	Avoir	(a)	Somme	
1865 Juin.	30	à Caisse 10,000 »	1	10,000	»	1865 Juin.	30	par Profits et Pertes	1	10,000	»
				10,000	»					10,000	»

10 DOIT — PAUL A LYON — AVOIR 10

Date	Jour	Doit	(a)	Somme		Date	Jour	Avoir	(a)	Somme	
1865 Mars.	15	à Caisse	1	40,000	»	1865 Février.	21	par Marchandises générales	1	80,000	»
Avril.	1	à Effets à payer, bt 31 mai	1	20,000	»	Juin.	30	par Profits et Pertes	1	200	»
	1	à Effets à payer, Traite 31 juillet	»	10,000	»						
Juin.	30	à Compte nouveau, solde	»	10,200	»						
				80,200	»					80,200	»
						Juin.	30	par Compte ancien	1	10,200	»

11 DOIT — BERNARD A PARIS — AVOIR 11

Date	Jour	Doit	(a)	Somme		Date	Jour	Avoir	(a)	Somme	
1865 Mars.	10	à Marchandises générales	1	60,000	»	1865 Mars.	20	par Caisse	1	30,000	»
Juin.	30	à Profits et Pertes	1	300	»	Avril.	10	par Effets à recevoir	»	15,000	»
						Juin.	30	par Compte nouveau	1	15,300	»
				60,300	»					60,300	»
Juin.	30	à Compte ancien, solde débiteur		15,300	»						

12 DOIT — COMPTOIR D'ESCOMPTE DE PARIS — AVOIR 12

Date	Jour	Doit	(a)	Somme		Date	Jour	Avoir	(a)	Somme	
1865 Avril.	30	à Effets à recevoir	1	5,000	»	1865 Mai.	1	par Divers	1	5,000	»

Voir pour la Balance, le Bilan et l'Inventaire, pages 55 et 56.

(a) Folios du Journal.

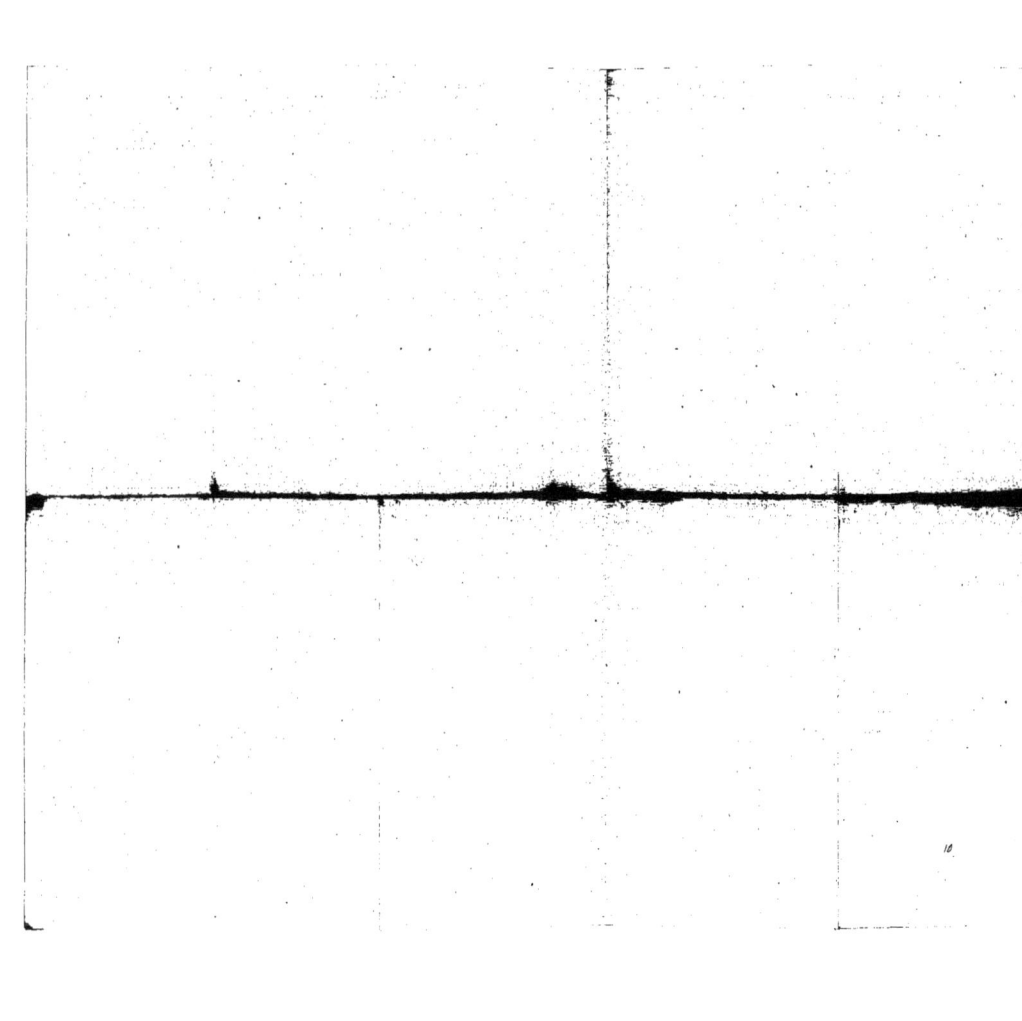

10.